Zehn kleine Finger und zehn kleine Zeh'n

MEM FOX
HELEN OXENBURY

Aus dem Englischen von Ebi Naumann

CARLSEN

Außerdem im Carlsen Verlag erschienen:

Die Geschichte vom Größerwerden

(Text von Ruth Krauss, Illustrationen von Helen Oxenbury)

Wo der Riese schläft

(Text von Mem Fox, Bilder von Vladimir Radunsky)

2 3 4   11 10 09

Alle deutschen Rechte bei Carlsen Verlag GmbH, Hamburg 2009

Text copyright © 2008 by Mem Fox

Illustrations copyright © 2008 by Helen Oxenbury

Originalverlag: Houghton Mifflin Harcourt Publishing Company, Orlando

Originaltitel: Ten Little Fingers and Ten Little Toes

Published by arrangement with Houghton Mifflin Harcourt Publishing Company

ISBN 978-3-551-51724-1

Printed in Italy

Alle Bücher im Internet unter www.carlsen.de

Für Helena, die sie alle unterrichtet
– M. F.

Für alle Babys dieser Welt
– H. O.

Im April 2010

Für Levent,

mit den allerbesten Wünsche für Dich, Deine Eltern und Deine große Schwester!

Alles alles Liebe

von

Nia, Felix und MIA

Ein Baby ward geboren
in einem fernen Land.

Und Tags darauf ein zweites
den Weg ins Leben fand.

Und diese beiden Babys,

ein jeder kann es sehn,

hatten zehn kleine Finger

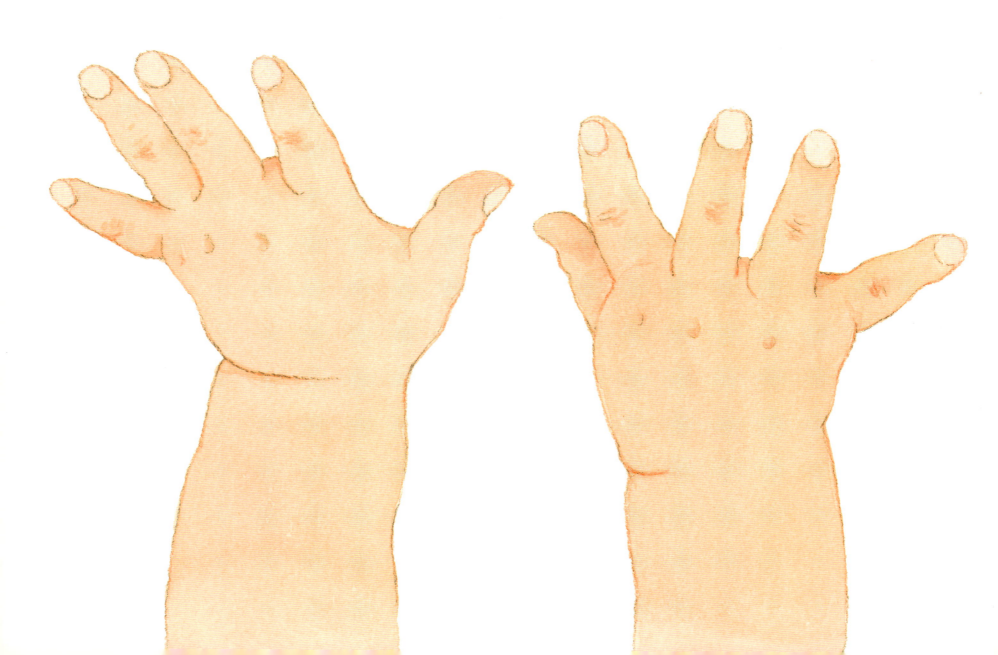

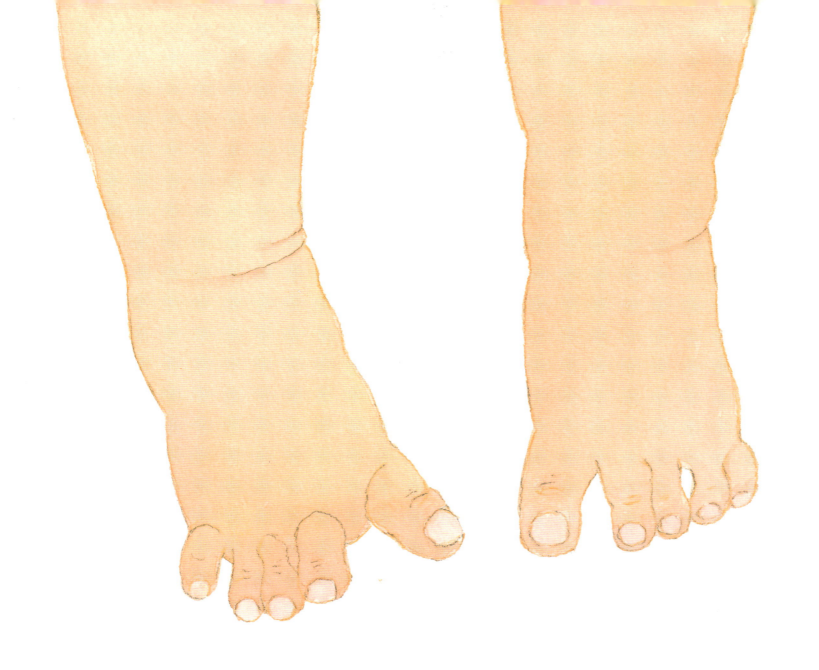

und zehn kleine Zeh'n.

Ein Baby ward geboren in einem Meer aus Stein.

Und kurz darauf ein zweites in Eiderdaunen fein.

Und diese beiden Babys,

ein jeder kann es sehn,

hatten zehn kleine Finger

und zehn kleine Zeh'n.

Ein Baby ward geboren
 umringt von Berges Wiesen.

Ein zweites hatte Schnupfen und musste dauernd niesen.

Und diese beiden Babys,

ein jeder kann es sehn,

hatten zehn kleine Finger

und zehn kleine Zeh'n.

Ein Baby ward geboren in Kälte, Schnee und Eis.

In einem Zelt ein zweites, dort schien die Sonne heiß.

Und diese beiden Babys,

ein jeder kann es sehn,

hatten zehn kleine Finger

und zehn kleine Zeh'n.

Doch dann ward mir geboren ein Baby lieb und schön,
   ein Kind so süß wie dies hat die Welt noch nicht gesehn.

Und dieses kleine Baby,

ein jeder kann es sehn,

hat zehn kleine Finger,

hat zehn kleine Zeh'n

und eine Nasenspitze

zum Drei-mal-Küssen schön.